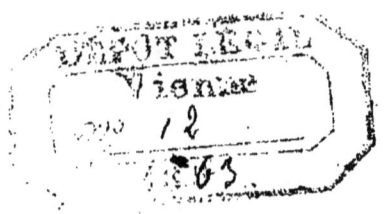

MÉTHODE

DE LECTURE.

MÉTHODE
DE LECTURE

A L'USAGE

DES FILLES-DE-LA-SAGESSE,

OUVRAGE APPROUVÉ PAR LE CONSEIL DE L'INSTRUCTION PUBLIQUE.

POITIERS

HENRI OUDIN, IMPRIMEUR ET LIBRAIRE-ÉDITEUR,

RUE DE L'ÉPERON, 4.

1862

MÉTHODE DE LECTURE.

CHAPITRE PREMIER.

Choix de la Méthode.

Toutes les méthodes de lecture se réduisent à quatre : 1° la méthode *sans syllabation ;* 2° la méthode *sans épellation ;* 3° la méthode d'*épellation par lettres ;* 4° la méthode d'*épellation par sons et articulations.*

La première donne, tout de suite, à lire des mots entiers, d'abord plus courts et plus faciles, puis, plus difficiles et plus longs. L'enfant doit les apprendre de manière à les reconnaître, lorsque, une autre fois, ils reviendront sous ses yeux.

Dans la seconde méthode, au lieu de présenter tout d'abord à l'enfant des mots entiers, on ne lui offre que des syllabes, et, plus tard, on lui fait réunir ces syllabes, pour en former des mots.

Les deux dernières méthodes admettent l'une et l'autre l'épellation, c'est-à-dire qu'elles ne se bornent pas, comme la seconde, à décomposer les mots en syllabes; elles décomposent les syllabes elles-mêmes. La différence entre elles deux, est que la 3ᵉ décompose les syllabes en lettres, tandis que la 4ᵉ les décompose en sons et en articulations.

Nous donnons à cette dernière la préférence sur les trois autres, et voici pourquoi :

1° Tout en reconnaissant qu'il convient d'arriver, le plus vite possible, à la lecture par mots entiers, dussent les enfants n'en déchiffrer d'abord qu'un sur trois, nous croyons pourtant qu'il faut les y préparer, en leur divisant les mots par syllabes, et en leur faisant lire chacune de ces syllabes séparément, avant de les assembler. En effet, il est bien plus facile d'apprendre toutes les syllabes que tous les mots, et, une fois que toutes les syllabes sont connues, la formation des mots offre peu de difficultés.

2° Le même motif, qui nous fait préférer la syllabation, c'est-à-dire la division des mots en syllabes, nous fait préférer aussi l'épellation, c'est-à-dire la division des syllabes en éléments. En effet, il est évidemment plus difficile et plus long d'apprendre plusieurs milliers de syllabes différentes, que d'apprendre seulement le petit nombre des éléments dont se composent toutes les syllabes.

3° Enfin, nous préférons la 4ᵉ méthode à la 3ᵉ, c'est-à-dire l'épellation par sons et articulations à l'épellation par lettres, parce que les lettres sont les éléments de l'écriture, mais non point ceux de la lecture. La lecture, en effet, n'est autre chose que la prononciation; or, la prononciation se compose, non point de lettres comme l'écriture, mais de sons et d'articulations. Les sons et les articulations sont donc les seuls vrais éléments de la lecture. En veut-on la preuve?

Soit à épeler le mot *chou*. Que l'on nomme successivement les quatre lettres *cé*, *ache*, *o*, *u* (ou, comme d'autres les appellent, *que*, *he*, *o*, *u*); ces noms, mis ainsi à la suite les uns des autres, ne donnent aucune idée de la prononciation du mot, et il faut que l'enfant devine *chou*, tout aussi bien que s'il ne l'avait pas épelé. Cette méthode, au contraire, distingue dans cette syllabe deux éléments précédemment connus : l'articulation *ch* et le son *ou*, et, de leur réunion, elle forme *chou*.

CHAPITRE II.

Éléments primitifs de la Lecture.

Tous les éléments de la lecture du français peuvent se réduire à 36, dont 18 sons et 18 articulations.

Un son peut se prononcer seul, sans qu'aucune articulation y soit unie ; mais une articulation est nécessairement jointe à un son, dont elle n'est que la modification.

Dans l'impossibilité de désigner mieux ces sons et ces articulations, nous allons donner deux séries de mots : le son final de chacun des 18 premiers, est un des 18 sons, et l'articulation finale des 18 autres mots, est une des 18 articulations. A la suite de chaque mot, nous indiquerons la lettre ou les lettres dont on se sert le plus ordinairement, pour écrire chacun de ces sons ou articulations.

SONS.		ARTICULATIONS.	
Chat	**a.**	Colombe	**b.**
Compas	**â.**	Pipe	**p.**
Livre	**e.**	Guirlande	**d.**
Clé	**é.**	Luth	**t.**
Sifflet	**è.**	Rave	**v.**
Dais	**ê.**	Bœuf	**f.**
Sabot	**o.**	Orgue	**g.**
Chapeau	**ô.**	Coq	**c.**
Souris	**i.**	Rose	**z.**
Charrue	**u.**	Lis	**s.**
Feu	**eu.**	Cage	**j.**
Hibou	**ou.**	Cheval	**l.**
Lapin	**in.**	Plume	**m.**
N° un	**un.**	Ane	**n.**
Serpent	**an.**	Cor	**r.**
Violon	**on.**	Flèche	**ch.**
Croix	**oi.**	Cygne	**gn.**
Poing	**oin.**	Éventail	**ill.**

Ce double tableau donne lieu à plusieurs remarques :

1° Nous ne nous dissimulons point qu'il semble y avoir de l'inconséquence, à vouloir faire prononcer seules les articulations. En effet, n'étant que les modifications des sons, elles ne peuvent jamais en être séparées; si bien que, nous-mêmes, nous ne les prononçons qu'en y joignant un son, tout au moins celui de l'*e* muet : *bœuf... fe*, *lis... se*, *cor... re*. Mais, après bien des essais comparatifs, nous avons cru reconnaître que les enfants acquéraient plus facilement la connaissance des syllabes, en les décomposant. Une fois qu'ils sont rendus là, et il faut les y faire arriver le plus vite possible, le vice de la méthode disparaît, puisque alors ils prononcent chaque syllabe d'une seule émission de voix, sans la décomposer en sons et en articulations. Jusqu'à plus parfaite expérience, nous nous en tiendrons donc à cette marche qui, du reste, est la plus généralement suivie.

2° Quoiqu'il n'y ait que six voyelles, *a, e, i, o, u*, et *y*, on a réussi, avec cinq de ces lettres et le secours d'une consonne, à exprimer les 18 sons; de même que, avec 16 consonnes et une voyelle, on a exprimé les 18 articulations : nouvelle preuve que la valeur ou prononciation des lettres, est chose bien différente de leurs noms.

3° Il s'ensuit qu'il n'est nullement nécessaire, pour savoir lire, de connaître les noms des lettres de l'alphabet, et ces noms pourraient même, au commencement, embrouiller les enfants, qui confondraient le nom d'une lettre avec sa valeur, chose pourtant si différente, par exemple, dans la lettre *z*, qui se nomme *zède* et se prononce *ze*. Il suffit donc, en commençant, que les enfants sachent bien reconnaître les différents signes des 18 sons et des 18 articulations, qui se trouvent sur les deux premiers tableaux de cette méthode.

CHAPITRE III.

Explication des 20 tableaux formant la Méthode de Lecture.

PREMIER TABLEAU. — SONS.

1re Leçon. — La Maîtresse montre successivement chacun des objets figurés sur le tableau, et, au même moment, un enfant ou tous ensemble, prononcent le nom de l'objet : *chat, compas, livre, clé, sifflet, dais, sabot, chapeau, souris, charrue*, *feu*, *hibou*, *lapin*, *n° un*, *serpent*, *violon*, *croix*, *poing*. Il est essentiel de faire prononcer, bien exactement, le son final de tous ces mots.

2ᵉ Leçon. — La Maîtresse montre de nouveau chaque objet; puis, quand les enfants ont prononcé le nom, elle relève sa baguette. Elle frappe une seconde fois l'objet, et, à ce signal, les enfants répètent, non plus le nom entier, mais seulement le son final de ce nom : ce qu'on appelle *faire l'écho*. Par exemple : 1ʳᵉ fois : *chat*, 2ᵉ fois : *a;* 1ʳᵉ fois : *compas*, 2ᵉ fois : *â*, et ainsi des autres.

3ᵉ Leçon. — La Maîtresse commence encore par montrer l'objet, et par le faire nommer, comme dans la première leçon. Ensuite, comme dans la leçon précédente, elle fait faire l'écho; mais, à l'instant où les enfants prononcent l'écho, au lieu de faire retomber sa baguette sur l'objet, elle la porte sur la lettre ou sur les lettres placées à la suite de l'objet, et qui représentent le son prononcé par les enfants.

4ᵉ Leçon. — La Maîtresse ne montre plus l'objet; mais, tout de suite, elle indique les lettres, et les enfants prononcent l'écho. S'ils hésitaient, il suffirait, pour les mettre sur la voie, de leur faire reporter les yeux sur l'objet.

2ᵉ TABLEAU. — ARTICULATIONS.

Ce deuxième tableau donne lieu à quatre leçons, semblables en tout aux précédentes.

1ʳᵉ Leçon. — On fait nommer les dix-huit objets : *Colombe, pipe, guirlande, luth, rave, bœuf, orgue, coq, rose, lis, cage, cheval, plume, âne, cor, flèche, cygne, éventail*.

2ᵉ Leçon. — On fait l'écho de ces noms, mais en observant bien que c'est l'articulation finale, et non pas l'*e* muet dont elle est suivie, qui doit former cet écho : *Colombe...be, bœuf... fe, lis... se, cygne... gne, quenouille... ille*, etc.

Il faut éviter, s'il se peut, que les enfants appuient sur l'*e* final.

3ᵉ Leçon. — On porte l'écho sur les lettres.

4ᵉ Leçon. — On ne fait plus prononcer que l'écho.

Avant de passer au 3ᵉ tableau, on replace les deux premiers, à côté l'un de l'autre, sur le porte-tableau : le 1ᵉʳ, à gauche ; le 2ᵉ, à droite, et on les fait répéter, de manière que les enfants les sachent tous les deux parfaitement.

3ᵉ TABLEAU. — SONS ET ARTICULATIONS, EN MAJUSCULES ET EN ITALIQUES.

(*Les deux premiers tableaux restent placés, comme il vient d'être dit ; le* 3ᵉ *est suspendu dessous, au milieu.*)

Les sons et les articulations, que les enfants n'ont vus jusqu'à présent qu'en lettres romaines, sont ici représentés aussi en majuscules et en italiques ; mais il semble mieux d'attendre, pour leur montrer ces nouvelles formes de lettres, que leur œil soit un peu plus familiarisé avec les lettres romaines.

Le seul but du tableau 3ᵉ, pour le moment, est donc d'affermir les enfants dans la connaissance des sons et des articulations en lettres romaines, et cela, en les dépaysant, pour ainsi dire, et en leur mettant sous les yeux des lettres plus petites.

4ᵉ TABLEAU. — SONS ARTICULÉS.

1ʳᵉ Leçon. — La Maîtresse fait d'abord prononcer aux enfants le son, puis l'articulation ; ensuite, elle les leur fait réunir, dans une seule émission de voix. Exemple : *a... b, ab, a... p, ap, etc.*, jusqu'à la fin du tableau, ayant toujours soin d'exiger que les enfants appuient fortement sur l'articulation.

2ᵉ Leçon. — La Maîtresse ne fait plus nommer séparément le son et l'articulation ; elle les fait réunir d'une seule émission de voix.

5ᵉ TABLEAU. — SYLLABES FORMÉES D'UNE ARTICULATION ET D'UN SON.

1ʳᵉ Leçon. — La Maîtresse fait prononcer successivement une articulation et un son, d'abord séparément, puis en les réunissant. Exemple : *b... â, bâ ; b... e, be*, etc. Après avoir fait épeler une ou deux fois les cinq syllabes qui forment une ligne, la Maîtresse peut passer à la ligne suivante [1].

2ᵉ Leçon. — Les enfants ne prononcent plus séparément l'articulation et le son, ils assemblent tout de suite les syllabes.

6ᵉ TABLEAU. — EXERCICE SUR LE TABLEAU PRÉCÉDENT.

Le titre de ce tableau dit assez, qu'il n'a d'autre but que de familiariser l'œil des enfants avec la vue des syllabes formées d'une articulation et d'un son. Il offre trois parties distinctes, dont la difficulté va toujours croissant, quoique ce soit à peu près les mêmes mots qui reviennent dans les trois parties.

Dans la première, non-seulement les mots sont divisés en syllabes ; mais les syllabes sont elles-mêmes divisées par un

---

[1] Remarquez que de haut en bas, on retrouve, à six lignes de suite, le même son, et que, dans toute la longueur de la ligne, l'articulation est la même. On peut donc, avec la même facilité, au lieu de suivre une ligne entière, descendre à chaque syllabe, d'une ligne à l'autre, jusqu'à la sixième.

point, en articulations et en sons; les enfants n'ont ainsi qu'à reconnaître et à réunir deux choses qu'elles n'ont cessé de voir depuis les premiers tableaux. Dans la deuxième partie, les mots sont bien encore divisés; mais les syllabes ne le sont plus. Enfin, dans la troisième, les mots eux-mêmes sont présentés sans distinction de syllabes.

1re Leçon. — La Maîtresse fait épeler chaque syllabe, comme sur le tableau précédent; elle fait ensuite répéter distinctement les syllabes d'un mot; enfin, elle les fait assembler vivement. Ainsi, pour le mot *Pape*, elle fera dire : *p... a, pa; p... e, pe; pa... pe; pape.*

2e Leçon. — La Maîtresse, reprenant au commencement, fait prononcer tout d'un coup chaque syllabe sans épellation; puis, elle fait assembler chaque mot. Elle va ainsi jusqu'à la fin, ou seulement jusqu'à la moitié ou au quart. Elle revient alors sur ces premiers mots, et les fait dire tout entiers, sans les décomposer.

3e Leçon. — Revenant de nouveau au commencement, elle fait tout de suite prononcer le mot entier.

La Maîtresse passe ensuite à la seconde, puis à la troisième partie du tableau, qu'elle fait lire de la même manière que la première partie.

7e TABLEAU. — SYLLABES FORMÉES D'UNE ARTICULATION ET D'UN SON ARTICULÉ.

Ce tableau est le même que le 5e, avec cette difficulté de plus, que les sons qui entrent dans la formation des syllabes, sont articulés, au lieu d'être simples. Avant de commencer les leçons sur ce tableau, il est bon de faire revoir aux enfants le tableau 4e, afin que, familiarisés de nouveau avec les sons articulés, ils n'aient pas plus de difficulté à les prononcer tout d'un coup, qu'ils n'en ont à prononcer des sons simples.

1re Leçon. — Les enfants prononcent d'abord l'articulation, puis, d'un seul coup de voix, le son articulé ; la Maîtresse fait ensuite réunir la syllabe. Exemple : *b... ag*, *bag*; *b... ab*, *bab*.

2e Leçon. — La Maîtresse fait prononcer les syllabes, sans les diviser auparavant.

8e TABLEAU. — EXERCICE SUR LE TABLEAU PRÉCÉDENT.

Ce 8e tableau offre, comme le 6e, trois parties distinctes, et disposées selon le même système. Les leçons à donner sur ce 8e tableau sont tout à fait semblables à celles qui sont indiquées pour le tableau 6e.

9e TABLEAU. — ARTICULATIONS DOUBLES ET ARTICULATIONS TRIPLES, ET SYLLABES FORMÉES D'UNE ARTICULATION DOUBLE OU D'UNE ARTICULATION TRIPLE, ET D'UN SON SIMPLE OU D'UN SON ARTICULÉ.

1re Leçon. — La Maîtresse fait prononcer chacune des articulations doubles, d'abord séparément, puis d'un seul coup de voix. Exemple : *b... l, bl; b... r, br*. Rendue aux articulations triples, elle commence par apprendre les deux premières articulations, comme s'il ne s'agissait que d'une articulation double; puis, quand cette articulation double est bien connue, elle ne la considère plus que comme une articulation simple, qu'elle fait réunir à la troisième articulation, comme elle ferait pour une articulation double. Exemple : *s... c, sc; sc... r, scr.*

2e Leçon. — Quand elle a fait parcourir ainsi, une ou deux fois, toutes les articulations doubles et triples, elle les fait répéter, tout de suite et sans séparation : *bl, br, cl, cr*, etc.

3ᵉ Leçon. — Lorsque les enfants sont bien affermis dans la prononciation de ces articulations, la Maîtresse les fait passer à la lecture du reste du tableau, dont la gauche n'offre que des sons simples, et la droite que des sons articulés. Les procédés sont absolument les mêmes que pour le tableau 7ᵉ.

10ᵉ TABLEAU. — EXERCICE SUR LE TABLEAU PRÉCÉDENT.

La Maîtresse suit les mêmes procédés que pour le tableau 8ᵉ.

11ᵉ TABLEAU. — LETTRES MUETTES A LA FIN DES MOTS.

(Ce tableau et les suivants seront successivement exposés, sans qu'il soit désormais nécessaire de laisser, au-dessus, les deux premiers.)

On voit que les lettres muettes sont ici en encre rouge [1] ; et il en sera de même dans toute la suite des tableaux. Les enfants ne doivent en tenir aucun compte, dans la lecture; mais il faut leur dire que ces lettres sont absolument nécessaires dans l'écriture.

Leçon. — La Maîtresse fait lire les lettres noires d'après les procédés employés précédemment, c'est-à-dire, d'abord par éléments de syllabes; puis, par syllabes entières, et enfin par mots, sans nommer ni prononcer les lettres rouges.

Remarque. — La Maîtresse peut essayer de faire remarquer aux enfants, qu'après tel son final, commun à tous les mots de la même ligne, les articulations qui suivent sont or-

---

[1] Dans nos petits livres de lecture avec tableaux, ces lettres muettes ne sont point en encre rouge ; ce sont des lettres maigres.

dinairement muettes : par exemple, qu'après le son final *an* on ne prononce ordinairement ni *t*, ni *s*, ni *g*, ni enfin aucune des articulations. Rendue aux cinq dernières lignes du tableau, elle peut leur faire remarquer également que le *d* final est presque toujours muet, et qu'il en est de même de *t*, *p*, *s*, *x*.

12ᵉ TABLEAU. — LETTRES MUETTES DANS LE MILIEU DES MOTS.

La leçon à donner sur ce 12ᵉ tableau est exactement semblable à celle qui est indiquée pour le 11ᵉ tableau.

13ᵉ TABLEAU. — NOUVEAUX SIGNES DES SONS.

1ʳᵉ LEÇON. — La Maîtresse commence par indiquer et faire prononcer *a*, comme on l'a prononcé jusqu'à présent ; puis, portant sa baguette à droite, d'abord sur *à*, puis sur *e*, elle fait prononcer encore, sur l'une comme sur l'autre de ces lettres, le son bref *a*. Elle passe au son suivant, et, après avoir fait prononcer le son long *â*, en indiquant *â*, elle le fait prononcer encore en indiquant, dans l'accolade, *a* et *à*. Même opération pour le son *é*, et pour tous les suivants. Cette première leçon a pour but de mettre dans l'esprit des enfants, que les signes renfermés dans chaque accolade, équivalent au signe placé à gauche et seul usité jusque-là [1].

2ᵉ LEÇON. — La Maîtresse revient alors au commencement du tableau, et, après avoir fait répéter, comme la première fois, le son bref *a* sur *à*, elle fait lire comme exemples :

[1] Le son *o* *bref*, représenté par *u* comme dans : *album*, *opium* a été oublié sur le 13ᵉ tableau cartonné.

voilà, à moi. Elle fait ensuite répéter de même le son bref *a* sur *e*; puis elle fait lire les mots *femme*, *solennité*; comme s'il y avait *f.... a*, *fa*; *m.... e*, *me*; *fame*, — *s.... o*, *so*; *l.... a*, *la*; *n.... i*, *ni*; *t.... é*, *té*; *solanité*. La Maîtresse parcourt ainsi tout le tableau, deux, trois et quatre fois.

14ᵉ TABLEAU.—SUITE DU TABLEAU PRÉCÉDENT.

C'est la continuation des deux leçons données sur le tableau précédent; seulement, quand la Maîtresse est rendue à *ai-i*, elle fait remarquer aux enfants qu'il y a là deux sons : *ai* et *i*, et que ces mêmes sons peuvent s'écrire ainsi : *a-y*. Pour leur rendre la chose sensible, on leur dit d'enlever le premier jambage de *y*, pour le rapprocher de *a* et faire *ai*; il restera le second jambage, qui est comme un autre *i*; ce qui donne *ai-i*. Après quoi, elle leur fait lire d'abord le premier mot *pai-is* (en leur disant qu'il ne doit pas être écrit ainsi); puis, le second mot *pa-ys*, absolument de la même manière, c'est-à-dire, en leur faisant prononcer la première syllabe *pa*, comme s'il y avait *pai*. Ainsi des autres mots de la même ligne et des autres lignes.

15ᵉ TABLEAU. — NOUVEAUX SIGNES DES ARTICULATIONS.

Ce sont ici les deux mêmes leçons que sur les tableaux précédents [1]. La Maîtresse doit faire remarquer aux enfants que, dans les mots *grand arbre*, *neuf ans*, etc., les lettres *d*, *f*, qui ont ici la valeur de *te*, *ve*, penchent sur le mot suivant, comme pour indiquer qu'elles doivent s'unir avec

[1] Dans le 15ᵉ tableau cartonné, on a oublié un des nouveaux signes de l'articulation *e*, c'est le *g*, qui se prononce quelquefois *c*. Ex. : long intervalle.

lui, sans pourtant se séparer du mot auquel elles appartiennent. En conséquence, elle fera épeler comme s'il y avait, d'un seul mot, *grantarbre*,—*neuvans* : gr... an, gran; t... ar, tar; br... e, bre; grantarbre. n... eu, neu; v... ans, vans; neuvans. On peut suivre le même procédé, dans tous les cas où l'articulation finale d'un mot doit se faire sentir sur le mot suivant.

La Maîtresse pourra faire remarquer aux enfants que *cs* et *gs* sont des articulations doubles, et que souvent elles se remplacent par la seule lettre *x*. Les deux mots, l'un inférieur, l'autre supérieur, se lisent comme dans le tableau 14e.

16e, 17e, 18e et 19e TABLEAU.

Ces quatre tableaux n'offrent qu'une suite d'exercices de lecture, d'abord, par syllabes et par mots détachés; ensuite avec liaison des mots.

La Maîtresse fera remarquer aux enfants que les lettres finales qui doivent se faire sentir sur le mot suivant, sont imprimées en lettres italiques, dans les tableaux 18e et 20e, où la lecture doit se faire avec liaison des mots. Dans le 16e et le 17e tableau, ces lettres étaient communément muettes, parce qu'alors on lisait chaque mot séparément, et sans aucun rapport avec le mot suivant.

20e TABLEAU [1]. — ACCENTS ET PONCTUATION. ABRÉVIATIONS. NOMS ET ORDRE DES LETTRES DE L'ALPHABET.

1re LEÇON. — La Maîtresse fait lire d'abord deux ou trois fois le nom de chaque accent ou signe de ponctuation.

---

[1] Ce tableau doit être vu le 20e, quoique dans les grands tableaux il soit indiqué le 16e.

2ᵉ Leçon. — Elle montre l'accent ou le signe de ponctuation et en fait dire le nom.

3ᵉ Leçon. — La Maîtresse fait lire d'abord une abréviation, puis fait dire le mot qu'elle représente.

4ᵉ Leçon. — Après avoir appris aux enfants le nom de chaque lettre, la Maîtresse leur fait apprendre peu à peu, par ordre, et de mémoire, l'alphabet en entier [1].

Tous les tableaux étant vus, les enfants doivent avoir assez d'habitude des lettres, des syllabes et des mots les plus usités pour pouvoir passer utilement au *premier livre de lecture* dont les deux parties qui se correspondent comme les tableaux 16ᵉ et 17ᵉ, 18ᵉ et 19ᵉ, ne leur offriront guère de difficultés nouvelles.

CHAPITRE IV.

Remarques particulières sur la prononciation des lettres dans certains mots.

Cette méthode de lecture offre, comme on l'a déjà vu, plusieurs difficultés : la première est que, dans une syllabe, il se trouve souvent une, deux et trois lettres muettes (voir le 11ᵉ et le 12ᵉ tableau) ; la seconde, que les mêmes sons et les mêmes articulations ne sont pas toujours exprimés par les mêmes signes : ainsi, quelquefois le son *ô* s'exprime par

---

[1] La connaissance du nom de chaque lettre est nécessaire aux enfants ; et, maintenant qu'il est facile de les empêcher de confondre ces noms des lettres avec leur valeur, on doit les leur apprendre.

au; l'articulation *fe*, par *ph;* enfin, que les mêmes signes n'ont pas toujours la même valeur : ainsi, quelquefois *e* exprime le son *a; t*, l'articulation *se* (voir le 13ᵉ, le 14ᵉ et le 15ᵉ tableau). Dans bien des cas, il n'y a d'autre moyen de savoir la vraie prononciation d'un mot que de la chercher dans un dictionnaire, car les règles que quelques auteurs donnent pour la prononciation sont accompagnées de nombreuses exceptions. Cependant, voici quelques remarques assez générales.

A est nul dans *août*, *taon*, *Saône*, et devant *in* et *im*, comme dans *pain*, *faim*.

B final est nul dans *plomb;* il se prononce dans les noms propres *Joab*, *Job*, *Jacob*, et dans *radoub* et *rumb*.

C final est nul dans : *blanc*, *broc*, *clerc*, *cric*, *escroc*, *estomac*, *franc*, *jonc*, *marc* (poids), *tronc*, *tabac*. Il a le son de *k* devant *a*, *o*, *u*, *l*, *n*, *r*, *t;* il se prononce encore comme *k* dans *arc*, *bloc*, *busc*, *échec*, *Marc* (nom d'homme), *sec*, *fisc*, *musc*, *sac*, *lac*, *bec*, *avec*, *syndic*, *aqueduc*, *caduc*, *turc*, *grec*, *choc*, *duc*, *tillac*, *estoc*, *Languedoc*, *Cognac*, *Isaac*.

C a le son de *g* dans *second*, *secondement*, *seconder*.

CH se prononce *k* dans *Achab*, *anachorète*, *anachronisme*, *archange*, *archonte*, *archiépiscopal*, *chaos*, *catéchumène*, *Chersonèse*, *Chalcédoine*, *chaldéen*, *chiromancie*, *chœur*, *chronologie*, *Melchior*, *Melchisédech*, *Michel-Ange*, *orchestre*, etc.

D final se prononce dans *David*, *sud*.

E est nul devant *a* et *o* et devant toute autre voyelle suivie de *n; troupeau, sein, jeun;* il est encore nul dans *Caen* (ville).

E a le son de *a* dans *indemnité*, *femme*, *hennir*, *solennel* et leurs dérivés, et dans les adverbes terminés en *emment : violemment*, *prudemment*.

F à la fin des mots conserve sa prononciation, excepté dans *clef*, *chef-d'œuvre*, *cerf*, *bœuf gras*, *œuf dur*, *œuf frais* et dans les pluriels *œufs*, *bœufs*, *cerfs*.

G est dur devant *a*, *o*, *u*, et doux devant *e*, *i*; *gage*; il est nul dans *faubourg*, *legs*, *doigt*, *vingt*, *étang*, *coing*, *hareng*, *seing*, *signet*.

G final, suivi d'un mot qui commence par une voyelle, se prononce ordinairement *k* : *suer sang et eau*.

GN se prononce *gue-n* dans *stagnant*, *stagnation*, *igné*, *inexpugnable*, *régnicole*, *diagnostic*.

Quoique la lettre H soit aspirée dans *héros*, elle est muette dans *héroïne*, *héroïsme*, *héroïque*.

I est nul dans *oignon*, *encoignure*.

L ne se prononce pas dans *baril*, *chenil*, *coutil*, *fusil*, *gril*, *outil*, *persil*, *sourcil*, *soûl*, *pouls*, *gentil* (joli), *gentilshommes*.

M ne se prononce pas dans *damner*, *condamner* et leurs dérivés, ni dans *automne*.

N se prononce fortement dans *hymen*, *abdomen*, *Eden*, *amen*, le *Tarn*, etc.

O est nul dans *paon*, *faon*, *Laon*.

P est nul dans *dompter*, *compter*, *prompt*, *baptême*, *sept*, *sculpteur*, *exempt*, *exempter*, et leurs dérivés, excepté *baptismal*, *exemption*.

Il faut faire sentir le *p* de *symptôme* et le *p* final de *cap*, *cep*, etc., quoiqu'il soit nul dans *cep de vigne*.

Q ne sonne pas dans *coq d'Inde*, quoiqu'il se prononce dans *coq*. Cette lettre ne se fait sentir dans *cinq* que devant une voyelle ou une *h* muette, ou à la fin de la phrase : *cinq hommes; nous étions cinq*.

Qu a le son de *cou* dans *quadragénaire*, *quadrupède*, *quadruple* et autres mots commençant par *quadr*, et encore dans *aquatique*, *aquarelle*, *équateur*, *équation* et quelques autres mots tirés du latin.

Qué, qui, se prononcent *qué*, *cui*, dans *questeur*, *équestre*, *liquéfaction*, *équilatéral*, *équitation*, etc.

R se prononce : 1° dans les monosyllabes *fer*, *mer*, *cher*, or, *mur, sieur,* etc. ; 2° dans la terminaison *er*, précédée immédiatement de *f*, *m* ou *v*, excepté dans le cas ou ces mots seraient des infinitifs de la 1re conjugaison; 3° dans *magister, cancer, belvéder, éther, hier, Esther, fier* (adj.), le *Niger*; 4° dans les mots en *ir* : *plaisir*, *loisir*, etc.

S se prononce dans *as*, *vis*, *blocus, chorus, aloès, choléramorbus, gratis, jadis, laps, maïs, mars, oremus, ours, relaps, rébus, Rubens, Reims, en sus, vasistas, Pathos, Bacchus,* etc., à la fin de *sens*, excepté dans *sens commun*, et dans *lis*, quoiqu'on dise *fleur de li*.

S ne se prononce pas dans *Du Guesclin*, *dès que*, *tandis que*, ni à la fin des mots *divers, avis, os, alors,* à moins que le mot suivant ne commence par une voyelle.

S entre deux voyelles se prononce *z;* il faut en excepter *désuétude, pusillanime, parasol, antisocial,* et quelques mots composés, comme *préséance, présupposer,* etc.

S se prononce *z* dans *balsamine, balsamique, transiger, transaction, transit, transition, transitoire, transalpin* et autres composés de *trans*.

T final se fait sentir dans *abject, accessit, brut, contact, correct, dot, direct, déficit, fat, granit, indult, infect, lest, luth, net, rapt, strict, subit, tact, transit, vivat, Zénith, rit, mat* (terne), *est, ouest, lest, christ, toast* (qu'on prononce *tost*).

U se prononce dans *aiguille, aiguillon, aiguiser* et leurs dérivés ; dans *arguer, inextinguible*, et dans *Guise* (nom propre).

W se prononce comme *v* dans les mots allemands : *Westphalie*. Il se prononce *ou*, dans quelques mots anglais ; mais on peut très-bien le prononcer *v* [1].

---

[1] En général, pour éviter l'affectation, on doit rendre les mots étrangers par des sons français.

X se prononce comme *s* dans *Auxerre*, *Bruxelles*, et comme *z* dans *deuxième*, *sixième*, etc.

Y précédé de l'une des voyelles *a*, *o*, *e*, a communément la valeur de deux *i*, *citoyen*, *moyen*, prononcez : *citoi ien*, *moi ien;* autrement, il n'a généralement que la valeur d'un *i* : *hymne*, *style*, etc.

Z a le son de *s* dans *Metz*, *Suez*, et quelques autres noms propres.

CHAPITRE V.

Liaison des mots dans les Phrases.

Lier deux mots, c'est les prononcer comme s'ils n'en faisaient qu'un seul.

Cette liaison des mots n'a jamais lieu, quand il se trouve entre eux une virgule. Elle ne se fait pas non plus, quand la liaison produirait une confusion dans les mots, comme dans *bon et blanc*, ou simplement une rencontre désagréable de syllabes, comme dans *partout où*. Il faut alors dégager les mots l'un de l'autre, par une séparation presque insensible, et suffisante, toutefois, pour empêcher le mauvais effet d'une liaison complète. L'exemple des personnes qui parlent bien peut seul apprendre, en ce point comme en bien d'autres, le détail infini des exceptions. Nous ne pouvons donner ici que quelques règles assez générales, dont, au reste, on n'a point à parler aux enfants. On doit se borner à leur faire pratiquer les liaisons, à mesure qu'elles se présentent, et sans leur en donner d'autre raison que l'usage.

Pour que la liaison ait lieu entre deux mots, il faut 1° que le second commence par une voyelle ou par une *h* muette; 2° que le premier soit terminé par une consonne ou par un *e* muet précédé d'une consonne.

Quand le premier mot finit par un *e* muet, la consonne précédente se lie toujours avec le mot suivant : *colombe agile, rose épanouie, mère aimable,* lisez : *colom... bagile, ro... zépanouie, mè raimable.*

Il n'y a donc de difficulté que pour les mots terminés par une consonne.

B final ne se lie jamais au mot suivant : *plomb homicide,* lisez : *plom... homicide.*

C, quand il n'est pas nul dans le mot qu'il termine, se lie avec le mot suivant : *bloc énorme*, lisez : *blo... kénorme.* Mais, quand il est nul, comme dans *tabac*, on n'est obligé de le lier, qu'autant qu'on ne peut pas le séparer du mot suivant : *tabac à fumer*, lisez : *taba... cà fumer.* Si vous aviez : *il prend du tabac en grande quantité*, le *c* pourrait ne pas se lier avec *en*.

D se prononce *te* à la liaison : 1° dans les adjectifs suivis de leurs substantifs : *grand homme*, lisez : *gran thomme;* mais on ne lierait pas *gond énorme;* 2° dans les verbes : *répond à tout*, lisez : *répon... tà tout.* Hors de là, *d* final ne se lie point.

F final, quand il n'est pas nul dans le mot qu'il termine, se lie avec le mot suivant : *soif ardente*, lisez : *soi... fardente.* Dans *neuf,* il se prononce *ve*, à la liaison : *neuf ans*, lisez *neu... vans.*

G se prononce *que* à la liaison : *long avenir*, lisez : *lon... cavenir.*

L, nul à la fin du mot, ne se lie pas. On dira bien :

cheva... lar*dent ;* mais, si l'on a : *fusil à piston, outil usé,* on dira : *fusi... à piston, outi... usé.*

M ne se lie jamais : *nom illustre*, lisez : *non illustre.*

N ne se lie qu'autant qu'il n'y a pas moyen de le faire suivre du moindre repos ; ce qui a lieu : 1° entre l'adjectif et son substantif : *bon ami, un arbre*, lisez : *bo... nami, u... narbre;* mais on ne dirait pas : *charbon... nardent;* 2° après *on* : *on a dit*, lisez : *on... na dit;* 3° après *bien*, adverbe : *il est bien aimable*, lisez : *bien... naimable;* mais on ne dirait pas : *un bien... nimmense;* 4° entre *en* et son régime : *en ami*, lisez : *en... nami.*

P ne se lie guère que dans *trop* et *beaucoup* : *Trop âgé, beaucoup appris*, lisez : *tro... pâgé, beaucou... pappris.*

R final se lie toujours, quand il n'est pas nul dans le mot qu'il termine : *soupir ardent*, lisez : *soupi... rardent.* Quoique nul dans les verbes en *er*, il se lie toujours, ainsi que dans les adjectifs terminés de même, pourvu que ceux-ci précèdent leurs substantifs : *premier avis*, lisez : *premiè... ravis :* mais on ne dirait pas . *sentiè... rescarpé.*

S, X et Z se prononcent *ze* à la liaison : *les astres, faux ami, nez aquilin*, lisez : *lè... zastres, fau... zami, né... zaquilin.*

T se lie assez généralement ; cependant il faut excepter . 1° le cas où *t* est précédé de *c* ou de *r* ; c'est alors *c* ou *r*, et non pas *t*, qui se lie : *respect humain, mort infâme*, lisez : *respè... kumain, mo... rinfâme.* Néanmoins, dans *fort*, adverbe, l'usage est de lier le *t* : *for... thabile;* 2° dans la conjonction *et*, *t* ne se lie jamais . *parent et ami*, lisez : *é... ami.*

CHAPITRE VI.

Lecture à haute voix.

La lecture la plus intelligible pour l'auditeur, et la plus propre à fixer son attention, est celle où le lecteur, prenant le ton d'une conversation grave ou gaie, simple ou solennelle, suivant le sujet, lit comme il parlerait, avec le même naturel, les mêmes inflexions de voix. Cette lecture demande de l'intelligence et de la préparation.

Il en est une autre, moins intéressante, mais plus facile et plus usitée : c'est celle qu'on pratique généralement dans les lectures publiques des pensions et des communautés. Quoiqu'elle exige moins de vivacité dans l'esprit, de sentiment dans le cœur et de mobilité dans la voix, puisqu'on s'y tient presque toujours sur le même ton, elle ne laisse pas d'offrir encore bien des difficultés, et c'est sur cette lecture que vont particulièrement porter nos observations :

Dans toute lecture à haute voix, il ne faut pas perdre de vue qu'on lit pour ceux qui écoutent, et qu'on se propose, par cette lecture, de suppléer à celle qu'ils feraient eux-mêmes, s'ils avaient le livre en main. On doit donc s'efforcer de porter à leurs oreilles chaque mot avec toutes ses syllabes, chaque phrase avec sa ponctuation, sa division et toutes ses circonstances ; en un mot, de mettre, pour ainsi dire, le livre sous leurs yeux. Figurez-vous l'impression que vous éprouveriez en lisant un livre où il n'y aurait ni alinéa, ni phrases, ni mots séparés; un livre sans ponctuation et sans distinction de lettres majuscules et minuscules, italiques et romaines; un livre, enfin, rempli de mots tronqués et de fautes d'orthographe : une lecture peu intelligente produit sur l'esprit de l'auditeur la même impression.

Il faut, avant tout, bien connaître et bien observer les règles de la prononciation et de la liaison des mots, telles que nous les avons indiquées. On évitera donc, par exemple, d'allonger des sons brefs, tels que *a* dans *flamme,* et l'on ne fera pas brefs des sons qui doivent être allongés, tels que *ô* dans le *vôtre.* On s'appliquera aussi à dégager convenablement, les uns des autres, les mots qui, trop liés ensemble, ne se présenteraient pas clairement, et tout d'abord, à l'esprit de l'auditeur. Cela est surtout nécessaire pour les noms propres, que le sens de la phrase n'aiderait pas toujours à deviner.

Mais il est d'autres conditions d'une bonne lecture : elles se rapportent ou à l'âme, ou à la voix, son organe.

1° Pour bien lire, il est indispensable de bien comprendre ce qu'on lit, afin de l'exprimer comme si on l'avait pensé soi-même.

Non-seulement l'intelligence modifie, hausse ou baisse le ton, de manière à faire sentir si ce qu'on lit est le texte même de l'ouvrage ou une note placée au bas de la page; les paroles de l'auteur lui-même, ou une citation, etc.; mais elle prononce chaque phrase, chaque partie de phrase, de manière à mettre, pour ainsi dire, en relief toute la pensée de l'écrivain. Par exemple, que l'on ait à lire cette phrase : *La loi de Dieu, quoiqu'en dise l'orgueil humain, offre seule à la société une base, à la famille un lien, à l'individu de véritables consolations.* Après *Dieu,* le ton doit rester comme suspendu, pour ne reprendre qu'à *offre,* et, dans l'intervalle, la phrase incidente *quoi qu'en dise*, etc., se place entre deux repos, comme entre deux parenthèses. Le mot *seule* doit être suivi d'un autre repos, comme s'il y avait deux points, pour annoncer l'énumération qui va suivre. Il faut bien distinguer, et lire de la même manière, les trois membres de cette énumération. *A la société, à la famille, à l'individu,* s'y prononceront du même ton, un peu ferme et sec, et chacun d'eux sera séparé, par un petit repos, des mots qui le suivent et qui s'y rapportent.

Mais l'intelligence agit nécessairement sur le cœur, et, même dans une simple et grave lecture, où le ton de la déclamation serait déplacé, il est impossible qu'une âme, bien pénétrée de ce qu'elle lit, n'exprime pas un peu ses sentiments, par les différents tons de sa voix. Il y aura nécessairement une différence entre la lecture unie et modeste, quoique bien sentie, et même animée au besoin, d'un traité de piété ou d'une formule de prière, et la lecture coupée, accidentée d'une fable ou d'une anecdote plaisante. On prononcera plus posément un endroit qu'on veut faire bien comprendre et remarquer; plus rapidement, un passage moins intéressant, ou dont le sens est plus facile à saisir. Un discours à longues périodes, se lira avec plus d'ampleur et de solennité. Un trait d'aimable naïveté ou d'infortune touchante, mettra de la gaîté ou des larmes dans la voix.

Puis, dans une même lecture, une phrase, un mot, exige souvent une nuance, un caractère particulier dans la prononciation. Elle sera douce ou rude, selon qu'elle dira : *Que votre main bénisse*, ou : *que votre bras écrase;* lente ou vive, en lisant : *les longues heures de l'insomnie*, ou : *les soins empressés de l'amitié;* humble ou fière, quand on dira : *mon Dieu, ayez pitié d'un pauvre pécheur*, ou : *chrétien, souviens-toi de ton nom.*

2° Il n'est pas moins nécessaire, pour bien lire, de savoir

user de sa voix. En effet, manquât-elle de force et même de justesse, elle peut toujours donner une lecture agréable ou du moins utile. Mais l'affectation qui pince les lèvres ou fait grasseyer, rend la lecture ridicule, autant que la rusticité la rend pénible, par ses tons incultes et ses prononciations vicieuses. Une manière doucereuse, et qui tient du zézayement, ne vaut pas mieux qu'un genre brusque et saccadé, dont les mots sont comme autant de coups de marteau. La voix qui se traîne sans aucune animation, fatigue l'auditeur aussi bien que celle qui se précipite au point qu'on ne peut la suivre. Il en est de même de ces voix qui croient se faire mieux entendre, en prenant un grêle et pénible fausset, et de celles qui, en cherchant à se grossir, ne réussissent qu'à s'étouffer dans une lecture morne et sépulcrale. Le bégayement est un défaut essentiel, mais rarement insurmontable : pour le corriger, il suffit souvent de s'appliquer, durant un mois, à lire chaque jour quelques pages, où l'on affecte d'articuler séparément et bien distinctement chaque syllabe.

Donner au corps une position qui laisse libre l'action des poumons, au lieu de les gêner, en se courbant, ou en se serrant la poitrine avec les bras; avoir l'attention de diriger la voix vers la masse des auditeurs, et de ne parler, ni en face d'une ouverture, ni dans un courant d'air; tenir le livre de manière à n'être pas obligé de baisser la tête, sans toutefois l'interposer entre sa bouche et le public : ce sont là autant de points à observer.

Un autre soin doit être de prendre le ton convenable d'après l'étendue du local, la durée de la lecture, et la force dont on peut disposer. Commencer au-dessus de la portée naturelle de sa voix, aura pour effet inévitable de fatiguer et de faire baisser, au point qu'il faudra relever le ton, presque à chaque alinéa.

Tout en prenant un ton naturel et que l'on peut soutenir, on se fatigue encore beaucoup, et la lecture y perd sous tous les rapports, quand on lit trop vite, ou qu'on ne sait pas se reposer à propos. Les temps d'arrêt, à la fin des articles et des chapitres, sont indéfinis, et l'on peut s'y reposer plus ou moins, selon qu'on en sent le besoin. Au contraire, les repos à la fin des alinéas, doivent être à peu près égaux : bien moins longs que les précédents, mais, au moins doubles de ceux qui séparent les phrases; ils sont marqués par un point. La longueur de ces pauses varie selon le besoin de la respiration, et aussi selon le style de l'auteur. Dans un récit rapide, et tout composé de petites phrases, le repos de chaque point sera fort court; il le sera moins dans un morceau dont les phrases sont plus longues. Il en est de même, en proportion, des autres signes de la ponctuation. Quelquefois une virgule se fait à peine sentir, et d'autres fois le sens, ou le besoin de respirer, veut qu'on se repose plus ou moins sensiblement, là même où il n'y a pas de virgule. Nous en avons donné des exemples.

Un dernier, mais important avis, relatif à la voix, est de prononcer toutes les syllabes, sans en omettre aucune, même de celles qui n'expriment que le son de l'*e* muet. Sans doute, elles ne doivent pas être toutes prolongées, et accentuées également; mais il ne faut pas que les plus brèves et les plus faibles, soient comme absorbées par les plus longues et les plus fortes. Ainsi, que vous ayez la phrase suivante : *L'homme qui passe sa vie dans la sainteté, fera une mort précieuse devant le Seigneur*, vous ne lirez pas, comme s'il y avait : *L'homm' qui pass' sa vi' dans la saint'té, f'ra un' mort pré-cieus' d'vant l' Seigneur*. Cette prononciation ne serait admissible que dans la rapidité d'une conversation ordinaire. Il faut, sans trop d'affectation, et toutefois avec un soin plus ou moins marqué, suivant l'étendue du local et la solennité de la lecture, faire sentir chaque syllabe comme il suit : *L'hom-me qui pas-se sa vi-e dans la sain-te-té, fe-ra u-ne mort pré-ci-eu-se de-vant le Sei-gneur.*

CHAPITRE VII.

Lecture du Latin.

La lecture du latin doit avoir sa place dans toute école chrétienne. Le respect dû à cette langue de la liturgie catholique, l'agrément de pouvoir prendre part au chant de l'Église, l'avantage de s'unir à ses prières, en en suivant le texte même : tout doit faire désirer aux personnes qui ne comprennent pas le latin, de pouvoir du moins le lire avec toute l'exactitude possible.

Le latin n'emploie que quinze sons et quinze articulations, au lieu de dix-huit, qui entrent dans la prononciation du français.

Il n'a, ni les trois sons *e* muet, *oi* et *oin*, ni les trois articulations *ch*, *gn* et *l* mouillée. Donc, toutes les fois qu'on trouve les lettres *oi*, *oin*, il faut les séparer, et prononcer *o i*, *o-in* : *introitus*, *proindè*, lisez : *intro-itus*, *pro-indè*. De même, *ch* et *gn* se prononce toujours *ke* et *guene* : ainsi vous lirez : *Christus*, *magnificat*, comme s'il y avait *Kristus*, *maguenificat*.

Le son *ou* se trouve bien dans le latin, mais toujours exprimé par *u*, et jamais par *ou* ; en conséquence, ces lettres, quand elles se présentent, doivent toujours être séparées : *coutor*, lisez : *co-utor*.

Une règle générale, et très-avantageuse, de la lecture du latin, est qu'aucune lettre n'y est muette; toutes s'y prononcent : *Dominus est*, lisez : *Dominusse essete*. La seule exception est *u*, ordinairement muet, quand il est précédé de *g* ou de *q*, et suivi de *o : aquosa*, *distinguo*, lisez : *aqosa*, *distingo*. Cependant on prononce *u* dans *arguos*, *ambiguos*, et autres mots en petit nombre.

Les lettres *a*, *e*, *o*, *u*, *c*, *g*, *s*, *t*, et surtout *m* et *n*, sont les seules qui donnent lieu à quelques observations particulières ; toutes les autres se prononcent comme en français.

A se prononce comme dans *repas :* 1° dans la première syllabe de tout mot de deux syllabes, où il n'est suivi que d'une consonne : *amor*, *pater;* 2° lorsqu'il est suivi de *tr : atrium, consolatrix ;* 3° lorsque, à la fin du mot, il est seul ou suivi de *r* ou *s : porta, moriar, insulas.*—A se prononce comme dans *rabat :* 1° quand il est suivi de deux consonnes autres que *tr : agnus, castus ;* 2° quand, à la fin du mot, il est suivi d'une consonne autre que *s* ou *r : hac, veniat*.

E se prononce *é* dans toutes les syllabes qu'il termine : *penetrare*, lisez : *pénétraré*. Il se prononce *è*, dans celle où il est suivi d'une consonne : *expectaret*, lisez : *èxpèctarèt*. Néanmoins, devant *s*, il se prononce *ê*, dans la dernière syllabe du mot : *hostes*, lisez : *hostês ;* puis, devant *m* ou *n*, il se combine souvent avec ces consonnes, pour former le son *in*, comme on verra plus loin. Tout ce qui est dit de *e*, s'applique également à ses homonymes œ et æ *: pœna, œstas, œs*, lisez : *péna, èstas, ês*.

O suit exactement *a*, pour la prononciation, c'est-à-dire, qu'il se prononce comme l'*o* de *repos*, ou comme celui de *rabot*, dans les mêmes cas où *a* se prononcerait comme l'*a* de *repas*, ou comme ceux de *rabat*. Ainsi on prononcera, comme dans *repos*, l'*o* de *opes*, *domus*, *botrus*, *precatio*, *marmor*, *angelos*, et, comme dans *rabot*, l'*o* de *nostrum*, *oblatus*, *sol*, *Nemrod*.

U, précédé de *g* ou de *q*, se prononce *ou* devant *a*, et, comme on l'a dit, il est généralement nul devant *o* : *lingua qualitas, languor, iniquos*, lisez : *lingoua, qoualitas, langor, iniqos*. Devant *m* ou *n*, il équivaut à *o*, et, par conséquent, se prononce *on*, quand il se lie avec la consonne, et *o*, quand il s'en sépare : *umbra*, *tecum*, lisez : *ombra*, *tecom*. Partout ailleurs *u* se prononce comme en français.

C se prononce aussi comme en notre langue, c'est-à-dire *que*, devant *a*, *o*, *u*; et *se*, devant *e* (*œ*, *œ*), *i*, *y* : *caritas, corda, cultus, cera, cœlum, civis, cymbalum*, lisez : *karitas, korda, kultus, sera, sœlum, sivis, symbalum*.

G se prononce aussi comme en français : *gue*, devant *a*, *o*, *u*; et *je*, devant *e* (*œ*, *œ*), *i*, *y* : *Gabriel, ago, guttur, angelus, synagogœ, legi, gyrus*, lisez : *anjelus, synagojœ, legi, jyrus*.

S se prononce *ze*, entre deux voyelles; et *se*, partout ailleurs : *rosa, sospes*, lisez : *roza, socepêce*. Exceptez *deservire, desipiens, desuper, præsentio, præsepe, prosequi*, et quelques autres, dans lesquels *s* se prononce *se*.

T, dans le cours du mot, ne se prononce *ce* que devant *i* suivi d'une autre voyelle, et encore faut-il qu'il ne soit pas lui-même précédé de *s*. Ainsi, on prononce *portio, gentium, Laurentius*, comme s'il y avait *porcio, gencium, Laurencius*; mais, dans *porta, Laurenti, ostium*, *t* se prononcera *te*.

M et N se prononcent *me, ne*, non-seulement au commencement de toute syllabe, mais encore : 1° à la fin du mot : *enim, manum, forsan, dein*, lisez : *enime, manome, forsane, déine*; 2° quand ces deux lettres se suivent : *omnes, hymnus*, lisez :

omenes, hymenus; 3° quand une de ces deux lettres est répétée : *flamma, innocens,* lisez : *flamema, inenocens.* — Lorsque les lettres *m* ou *n* sont suivies d'une consonne, elles se combinent avec la voyelle précédente, et se prononcent avec elle : *an*, après *a : ambo, ancilla; in,* après *e* et *i : tempus, tentatio, imperat, inter* [1] ; *on,* après *o* et *u : compar, montes, columba, unctio.* Il faut cependant excepter *hunc, nunc, tunc,* et les mots qui commencent par *cunct,* tels que *cunctus, cunctare* : *un* s'y prononce comme dans *chacun.*

Pour lire parfaitement le latin, il faudrait le comprendre, afin de pouvoir couper convenablement les phrases, comme nous l'avons dit du français. On ne peut mieux suppléer à une coupe plus intelligente des phrases, qu'en se fixant sur la ponctuation.

Il serait également très-utile de connaître la *quantité* des syllabes, c'est-à-dire le temps plus ou moins long qu'on doit mettre à les prononcer. Faute de mieux, quand on n'est pas sûr de la quantité d'une syllabe, il faut ne la faire ni très-*longue*, ni très-*brève*. Si cette prononciation *moyenne* n'est pas parfaite, au moins ne blesse-t-elle pas trop. Ainsi, au lieu de faire *o* long dans *tempora*, et bref dans *sermones,* et de commettre ainsi deux fautes choquantes, on échappera, tant bien que mal, au danger, en prononçant les deux *o* sans longueur et sans brièveté sensible. Certains livres d'église offrent l'avantage de marquer la quantité des syllabes plus embarrassantes : un accent aigu, placé sur la voyelle, indique les syllabes longues.

[1] Plusieurs personnes prononcent *ine*, dans certains mots, tels que *intende;* mais l'usage plus général est de prononcer *in.*

www.ingramcontent.com/pod-product-compliance
Lightning Source LLC
Chambersburg PA
CBHW060909050426
42453CB00010B/1620